C'est samedi après-midi. Charlotte est chez
sa copine, Amandine. Charlotte et Amandine jouent
au basket dans le jardin. Thibault, le frère
d'Amandine est dans sa chambre avec son copain
Mustafa. Ils écoutent des cassettes de Supercool.

le cheval	horse
sa copine	her friend

Mais à cinq heures et demie, Thibault et Mustafa descendent au salon et Amandine et Charlotte rentrent du jardin. A cinq heures et demie, «Attention! voici Toubon» passe à la télé.

Thibault et Mustafa et Amandine et Charlotte regardent «Attention, voici Toubon!» tous les samedis.

je n'ai pas de place	I haven't got any room
descendent au salon	come down to the sitting room
rentrent du jardin	come in from the garden
attention! voici Toubon	watch outl! here's Toubon
passe à la télé	is on television

Monsieur Sage arrive chez lui. Il sort de sa voiture.
Il va ouvrir son garage. Son garage n'est plus là.
Mais dans la rue, il y a un camion plein de briques.

Monsieur Sage est horrifié. Il crie. Il pleure. Il est
triste.

qu'est-ce qu'il y a?	what's happened?
que faire?	what shall I do?
n'est plus là	isn't there any more
un camion plein de briques	lorry full of bricks
il pleure	he cries
triste	sad

Monsieur Sage téléphone à la mairie.
Et à ce moment-là... une énorme voiture blanche
arrive devant sa maison. La voiture s'arrête.
Un homme descend de la voiture... Il porte un grand
chapeau... Il frappe à la porte. Monsieur Sage ouvre.

---

c'est la mairie?	is that the Town Hall?
je n'ai plus de garage	I haven't got a garage any more
s'arrête	stops
frappe	knocks

L'homme enlève ses lunettes.
C'est Thierry Toubon, la vedette d'«Attention! voici Toubon!»
Pauvre Monsieur Sage! Il est toujours triste.
Mais il voit la caméra cachée dans l'arbre. Alors il est obligé de sourire. Parce qu'il va passer à la télé.

coucou! souriez!	coo-ee! smile!
enlève ses lunettes	takes his glasses off
la vedette	the star
toujours	always
cachée dans l'arbre	hidden in the tree
il est obligé de sourire	he has to smile

Ensuite on se trouve dans la cuisine de Madame Lafon.

Madame Lafon rentre chez elle, elle ouvre la porte de la cuisine et... elle voit que tout est orange. Les murs, la porte, la fenêtre, la table, les chaises, la machine à laver, le frigo et même le chat.

Mais... qu'est-ce qu'il y a?
Ma cuisine!
Kiki, c'est bien toi? Viens ici.

ensuite on se trouve dans	now we are in
les murs	the walls
la machine à laver	the washing machine
même	even
c'est bien toi?	is it really you?

Madame Lafon est horrifiée. Elle ne comprend pas.
Elle est furieuse. Elle crie. Elle saute en l'air.
Elle va téléphoner à la police.

| elle ne comprend pas | she doesn't understand |
| elle saute en l'air | she jumps into the air |

Et à ce moment-là, une énorme voiture blanche arrive devant la maison. Un homme descend. Il est grand et gros. Il porte des lunettes. Il a une barbe noire. Il frappe à la porte. Madame Lafon ouvre.

à ce moment-là	at that moment
des lunettes	glasses
une barbe noire	a black beard

Madame Lafon invite l'homme à entrer. Elle lui montre sa cuisine. Puis l'homme enlève ses lunettes... et sa barbe. Madame Lafon est toujours furieuse. Mais elle voit la caméra cachée dans la machine à laver. Alors, elle est obligée de sourire parce qu'elle va passer à la télé.

elle lui montre la cuisine   she shows him the kitchen

Thierry Toubon invite Monsieur Sage et Madame Lafon sur la scène. Tout le monde applaudit.

sur la scène — on the platform
tout le monde applaudit — everyone claps
pour aujourd'hui — for today
peut-être — perhaps
je vais passer chez vous — I'll be down your way

Amandine et Thibault et Mustafa rient.
Mais Charlotte trouve que ce n'est pas très amusant.
Elle voit que Monsieur Sage et Madame Lafon
ne sont pas contents.

rient   laugh
c'est affreux!   it's awful!

Trois jours plus tard, Charlotte et Amandine et Thibault et Mustafa rentrent de l'école. Dans la rue de la poste, ils voient une énorme voiture blanche.

C'est la voiture de Thierry Toubon.

Qu'est-ce qu'il fait ici?

Regardez! Là, devant la poste.

Vite, j'ai une idée.

plus tard   later

Au coin de la rue, devant la poste, Thierry Toubon place des peaux de bananes sur le trottoir. Charlotte explique son idée.

des peaux de bananes	banana skins
sur le trottoir	on the pavement
je vais chercher	I'm going to get
de la peinture	some paint
des brosses	some brushes
le caméscope	camcorder

Une demi-heure plus tard, Thierry Toubon revient.
Amandine et Charlotte et Thibault et Mustafa
attendent derrière le mur.

Thierry Toubon est tout content. Beaucoup
de personnes glissent sur les peaux de banane.

Il s'arrête. Il cherche sa belle voiture blanche.

revient	comes back
attendent	are waiting
beaucoup de personnes	a lot of people
glissent	are slipping

Mais maintenant, sa voiture est rose et mauve et verte et jaune. Et elle n'a plus de roues.

Thierry Toubon est FURIEUX. Il crie. Il pleure. Il appelle la police. Il saute en l'air.

Soudain il entend un cri. Il regarde derrière le mur.

elle n'a plus de roues   it hasn't got wheels any more

au secours!   help!

Charlotte a caché les roues de la voiture de Thierry.
Où sont-elles?
Trouve la solution du message mystère.

EBOT MF DBNJPO EFWBOU MF DBNJPO
EFWBOU M'BSCSF EFWBOU MF GSJHP
B=A

Prépare un message mystère pour un copain/une copine.